Klaus-Peter Wolf

Pierre-Emile et son double dans la panade

Klaus-Peter Wolf

Pierre-Emile et son double dans la panade

Illustrations de Amélie Glienke

Traduit de l'allemand par Genia Catala

gerstenberg
la joie de lire

Diffusion Editions La Joie de lire SA, Genève
Titre original: *Jens-Peter und der Unsichtbare in der Torte*

Imprimé en Allemagne
ISBN 2-88258-311-7

Table des matières

Pas de pitié pour les fumeurs

Pierre-Emile n'en croit pas ses yeux. Même l'invisible retient son souffle. M. Raton, le maître préféré de Pierre-Emile, allume une cigarette devant toute la classe et souffle lentement la fumée vers le plafond.

– Quand je pense que j'ai dû copier dix fois cette crétinerie de poème, le jour où j'ai été pris à fumer aux toilettes. Tu sais ce truc de Verlaine, Valéry, ou je ne sais qui! grince Fred à Juliette.

Juliette n'écoute pas. Bouche bée, elle fixe M. Raton.

Celui-ci reprend une bouffée et garde la fumée dans sa bouche. Il porte ensuite un mouchoir en papier à ses lèvres et souffle à travers.

– J'étais sûr qu'un jour ou l'autre il allait disjoncter, ricane l'invisible. **Il finira à l'asile, je l'ai toujours dit.**

La tête de M. Raton disparaît dans la fumée. Il agite le mouchoir pour chasser la fumée, puis le tient haut devant la classe. Au centre, on voit une grosse tache brune.

Raton semble très satisfait.

– Vous voyez ça? demande-t-il, vous voyez cette tache brune?

Tous les élèves opinent de la tête.

– Il faut appeler un médecin, Pierre-Emile. Raton a disjoncté. Il a besoin d'un calmant.

– Boucle-la! siffle Pierre-Emile.

Raton poursuit:
– Maintenant je vais prendre une grande bouffée, inspirer profondément puis expirer la fumée à travers le mouchoir. Que va-t-il se passer, selon vous?

– Quelle question! Il est complètement fêlé. Mais dis-lui donc de…

Pierre-Emile n'écoute pas son double. On ne peut pas le voir, puisqu'il est invisible; si en plus on ne l'écoute pas, c'est vraiment comme s'il n'était pas là. Parti. Pouf… envolé.

Raton souffle la fumée à travers un autre mouchoir. Il sort tout ce qu'il a dans les poumons. Ce faisant, il tousse un peu. Il n'a plus l'habitude de la cigarette. La seconde tache n'est pas aussi grande ni aussi foncée que la précédente. Naturellement, M. Raton attend de ses élèves qu'ils lui disent pourquoi. Comme aucun doigt ne se lève, M. Raton donne lui-même la réponse.

– Le brun, là, c'est du goudron. Le goudron qui manque ici, c'est celui que j'ai maintenant dans mes poumons.

– C'est bien ce que je disais, il faut appeler un médecin, Pierre-Emile. Et tout de suite!

Juliette est très impressionnée par cette démonstration. Les yeux brillants, elle sourit à M. Raton. Il écrase sa cigarette et explique:

– Imaginons qu'une personne fume régulièrement vingt cigarettes par jour. A la fin de l'année, elle aura amassé l'équivalent d'une tasse de goudron dans ses poumons. Le goudron colle les alvéoles pulmonaires et ça provoque ce qu'on appelle la toux du fumeur.

M. Raton sourit, très satisfait de sa démonstration. Il espère avoir suscité une vocation de non-fumeur chez certains de ses élèves. Lui-même connaît bien la question, il a fumé pendant presque quinze ans. A présent, il calcule avec les élèves combien ça lui a coûté.
– Disons 3,5 euros par jour, 1277,50 euros par année. Ça fait 19 162,50 euros en quinze ans.

Pierre-Emile rentre de l'école. Une idée se forme dans sa tête: il faut absolument que son père s'arrête de fumer. Et il doit cesser dès aujourd'hui. Pierre-Emile décide de l'aider.
– Dis donc, demande-t-il à son double, je me demande pourquoi mon père fume. Tu as une idée?
– Parce qu'il est dingue, évidemment, comme tous les visibles. Jamais un invisible ne se mettrait à fumer, ce serait tout à fait impensable.
– Oui, mais vous ne mangez pas non plus. Vous ne buvez rien. Vous ne faites rien d'autre que nous tourner autour et nous énerver.

Le père de Pierre-Emile n'en mène pas large. Assis dans un des bureaux de son agence de publicité, il fait face à une superbe femme. Elle est malheureusement tellement fardée qu'il ne peut que deviner sa beauté.
Son patron lui a confié une mission délicate: «C'est un gros poisson que nous avons à l'hameçon. Ne le lâchez pas. Si vous décrochez ce contrat, je double votre salaire.»
Il s'agit d'un contrat gigantesque. Madame Johnson, qui vient

des Etats-Unis, représente la firme Touxe & Cie. Elle cherche une agence de publicité pour le lancement en Europe de sa nouvelle marque de cigarettes «Arôme de cow-boy». Madame Johnson a un budget de plusieurs millions.
Il y a un certain nombre d'agences en lice. La plus petite est celle où travaille le père de Pierre-Emile. Il tente désespérément de convaincre Madame Johnson qu'elle est aussi la meilleure.
Il en est déjà à sa douzième cigarette. Sous la table, son pied gauche bat nerveusement la mesure.
Le père de Pierre-Emile essaie de déchiffrer l'expression du visage, sous le lourd maquillage. A-t-il été convaincant ou le trouve-t-elle complètement godiche?

Pendant ce temps, Pierre-Emile et son double élaborent un plan.
– Je pourrais essayer de parler à mon père, propose Pierre-Emile.
L'invisible éclate de rire.
– Tu plaisantes. Autant vouloir étrangler un éléphant. Tout ce que tu pourrais dire ne ferait d'ailleurs qu'entrer par une oreille et ressortir par l'autre. Et tu sais pourquoi?
– Non.
– Parce qu'il n'y a rien au milieu pour l'arrêter. Un cerveau par exemple.
Les visibles, explique l'invisible, sont plus doués pour voir que pour penser. C'est pour ça qu'il leur faut des affiches, des textes écrits en grand, des images colorées. Comme la

publicité. La meilleure stratégie serait d'organiser une manifestation de plusieurs centaines de personnes. Avec des banderoles, des slogans et des chansons.
Organiser ça pour ce soir, c'est un peu juste.
Maman est chez tante Olga, pour son «après-midi entre femmes», comme elle l'appelle. Elle devrait normalement rentrer vers cinq heures, mais ces rencontres se prolongent en général jusqu'à huit heures.
Néanmoins, Pierre-Emile et l'invisible doivent se dépêcher. Enfin, Pierre-Emile se dépêche. L'invisible, lui, donne les ordres et les recommandations.
Dans le corridor, une douzaine de rouleaux de tapisserie sont rangés dans une caisse. A côté, il y a de la peinture, des pinceaux et de la colle. Qu'est-ce qu'on pourrait désirer de plus? Pierre-Emile hésite tout de même un instant avant de les utiliser. Ses parents ont l'intention de tapisser le salon pendant le week-end.
L'invisible chasse ses doutes.
– Réfléchis un peu. La vie de ton père est plus importante que ce salon ridicule.
Pierre-Emile considère les rouleaux de tapisserie. Il y a une étiquette collée sur chacun d'eux. 32,80 euros.
– Tu ne penses pas qu'ils vont se fâcher si j'utilise ces rouleaux? Ils sont assez chers…
– Ce que tu peux être timoré parfois. La fumée de ton père lui coûte bien plus cher. Pense une minute à l'argent que nous lui faisons économiser, s'il arrête de fumer. En plus de ça, ils ont choisi pour le salon des couleurs absolument ridicules.

Allez, vas-y Pierre-Emile, de toute façon tu ne peins que sur le revers de la tapisserie. Fais ça pour ton papa, Pierre-Emile. Sauve-le, sois courageux, montre-toi un héros!

Pierre-Emile défait le premier rouleau de tapisserie. Il découpe un morceau d'au moins trois mètres de long et commence par peindre sur l'envers une tête de mort. Il écrit ensuite avec de la peinture rouge sang: «La cigarette tue!»

– Voilà qui est parfait! le félicite l'invisible. Nous allons le suspendre au-dessus de la porte de la chambre à coucher. Et maintenant tu écris: «Les fumeurs sont des abrutis qui empestent le monde entier.»

– Non, quand même. Ça va trop loin.

– Bon, alors écris: «Les fumeurs empestent.» Ils empestent l'air et en plus ce sont des abrutis, surtout ton papa, parce que...

– Allons, tais-toi. Est-ce qu'on met deux «t» à abruti?

– Ça dépend à quel point on est abruti. Chez ton père, j'en mettrais au moins deux.

Pierre-Emile travaille depuis deux heures déjà. Il n'y a presque plus de place dans la maison pour d'autres banderoles ou des affiches. Il y en a même qui pendent au lustre. L'armoire du salon en est complètement recouverte.

– Voilà, dit l'invisible, ça frapperait même un visible comme ton papa.

Et malgré cela, il reste encore trois rouleaux de tapisserie. L'invisible sait déjà à quoi ils vont servir.

– On pourrait les faire pendre à l'extérieur de la maison, l'un de la fenêtre du toit, un autre de la fenêtre du corridor et le troisième du balcon. Ainsi ton papa pourrait voir de loin ce qui l'attend, et se réjouir d'avance.

Aussitôt dit, aussitôt fait.

Mais pour l'instant, papa ne rentre pas. La belle dame d'Amérique a mal à la tête à cause de «l'air irrespirable du bureau».

Papa lui cherche un comprimé et un verre d'eau. Elle se masse les tempes en le regardant de façon étrange. S'il avait un conseiller invisible, comme son fils, celui-ci lui suggérerait probablement: «En Amérique, c'est la moindre des politesses de masser la nuque d'une dame qui a mal à la tête. Ne reste pas planté là comme un idiot, qu'est-ce qu'elle va penser de toi?»

Mais il n'a pas d'invisible, ou il ne l'écoute pas. Au lieu de la masser, il ouvre la fenêtre du bureau et invite la dame à faire un tour dehors.

Pendant ce temps-là, l'invisible a d'autres idées pour aider papa à cesser de fumer.

– Ramasse tous les cendriers et casse-les.

– Pourquoi?

– Parce que ton papa n'écraserait jamais sa cigarette sur la moquette!

– C'est vrai.

Pierre-Emile casse trois cendriers. Il y en a encore un quatrième dans le bureau de papa. Mais juste au moment où Pierre-Emile va le casser, l'invisible s'écrie:

– Non! Non! J'ai une meilleure idée. Ton père y pensera encore longtemps. Ça lui servira de leçon.

– Quoi donc?

– Ton père a gardé les pétards de la Saint-Sylvestre. Ceux qu'il a oubliés quand il était complètement ivre. Tu te rappelles, le feu d'artifice…*

– Oui, et alors?

– Découpe un des cylindres, puis disperse la poudre dans le cendrier…

Il n'a pas besoin d'achever. Pierre-Emile a parfaitement compris le message. Il prend une fontaine d'or, fait un trou dans le papier et verse le contenu dans le cendrier. Quand papa y écrasera sa cigarette, des étoiles rouges, bleues et or lui voleront à la figure. C'est en tout cas ce qui est écrit sur l'emballage.

Ensuite Pierre-Emile prend toutes les cigarettes qu'il trouve dans la maison. Il les jette dans un seau, ajoute de l'eau, puis écrase et mélange le tout pour en faire une soupe brunâtre. Il verse le liquide dans la coupe en cristal où maman prépare en général le *bowl* à la framboise. Il pose le tout sur la table, avec les verres en cristal et une louche. Comme ça, papa pourra se rendre compte de quoi ont l'air ses poumons. Pierre-Emile met en scène une véritable démonstration. L'invisible prétend que M. Raton serait fier de lui.

A l'intérieur de la boîte à cigares posée sur la table du salon, il n'y a plus maintenant de rouleaux de tabac, mais un piège à souris.

*Voir *Pierre-Emile et son double, seuls contre tous*

A présent tout est près. Papa peut rentrer.

Le voilà qui approche dans sa voiture de sport rouge. En réalité c'est celle de son patron qui la lui a prêtée aujourd'hui pour sortir Madame Johnson. Mais celle-ci n'a pas envie d'aller au restaurant. Elle voudrait plutôt faire la connaissance de la «gentille petite famille» de papa.
En principe, papa est un bon conducteur. Depuis vingt ans qu'il conduit, il n'a jamais eu le moindre accident. A priori, il n'a rien non plus contre la caravane de son voisin, M. Dupont. Pourtant, en parquant, il l'emboutit méchamment. Il devient encore plus nerveux. Les maux de tête de Madame Johnson augmentent eux aussi. Lorsqu'elle sort de la voiture, elle aperçoit la tapisserie qui pend du toit. Elle épelle lentement:
– Dites-moi, s'il vous plaît, ce que signifie: «Mieux vaut du soleil dans le cœur que du goudron dans les poumons.»
– C'est une plaisanterie, balbutie papa. Une plaisanterie, ha, ha, j'ai rarement autant ri.
Madame Johnson chancelle, elle a un besoin urgent de se reposer. Papa s'ouvre un chemin à travers les banderoles et les affiches. Il aimerait bien allonger Madame Johnson sur le sofa du salon, mais une énorme tête de mort grimaçante, un cigare entre les dents, les y accueille. Il l'étend finalement dans la chambre à coucher, sur son lit, juste sous l'affiche «Les fumeurs sont des abrutttis qui empestent.»
Pierre-Emile se cache sous la table. Il a comme une idée que les ennuis vont bientôt commencer.
Une femme sans connaissance dans la chambre à coucher,

Les fumeurs
sont des abruttis
qui empestent

une voiture emboutie dans la rue, et la maison tapissée de slogans antitabac. Papa commence par prendre une profonde inspiration. Son cœur est près de lâcher, sa gorge est sèche. Il a besoin d'une gorgée d'eau. Mieux encore, d'un peu de *bowl*.

La coupe en cristal est là, sur la table. Le bowl a une drôle de couleur. Sa femme a sûrement essayé une des recettes bio de son amie Olga. Mais tant pis pour l'aspect. Il en prend une grande gorgée.

Il a déjà bu bien des choses infâmes dans sa vie. Et, à lui seul, le café du bureau au goût de vase est déjà tout un programme, mais ça, c'est le goût le plus répugnant qu'il ait jamais eu dans la bouche.

Il crache la sauce brune sur le tapis persan.

– Pouah! mais qu'est-ce que c'est que cette cochonnerie!

– Tu vois, se réjouit l'invisible, ça marche. **Tout se déroule comme prévu. Nous allons lui sauver la vie!**

Papa crache toujours.

– C'est un truc à vous empoisonner!

Pierre-Emile sent que le moment est venu. Il se redresse d'un bond. Malheureusement, il se tape la tête contre le plateau de la table. La tête lui tourne.

Papa est parti se rincer la bouche à la salle de bains. Il revient en courant au salon. D'une main, il compose le numéro de la police pour annoncer l'incident de voiture, de l'autre, il farfouille dans la boîte à cigares.

Le piège à souris fait son office et se referme sur ses doigts. Papa agite la main en gémissant, au milieu de la pièce, quand

maman apparaît sur le pas de la porte, l'air ébahi. Les affiches et les banderoles ne la surprennent pas autant que la femme qui sort en chancelant de la chambre à coucher.
Lorsque papa est nerveux, il faut qu'il fume sur-le-champ. Mais il n'y a plus une cigarette dans toute la maison. Madame Johnson lui en offre une. Papa aspire comme s'il pouvait en tirer les réponses à toutes ses questions. Pierre-Emile rampe de dessous la table. A la vue de son fils, son père lève la main. Mais avant de l'abattre, il veut encore prendre une bouffée. Il inspire profondément.
– Non! crie Pierre-Emile, non, tu vas finir par te tuer avec ça!
– Là, il a raison, crache maman.
Le père de Pierre-Emile écrase sa cigarette dans le cendrier. En une fraction de secondes, il se trouve sous une pluie d'étoiles et de boules colorées. En prime, un nuage de fumée monte du cendrier.
Pierre-Emile veut profiter de cette occasion pour disparaître, mais maman l'arrête.
– Est-ce toi, Pierre-Emile? elle montre les rouleaux du doigt.
– Oui, répond Pierre-Emile, très fier. J'ai appris ça aujourd'hui à l'école, maman, avec M. Raton.

Papa cherche du travail

Pierre-Emile conduit sa bicyclette d'une seule main. Dans l'autre il tient une glace. Il change de vitesse, passant de la troisième à la quatrième. La chaîne saute.
– **Freine!** crie l'invisible.
Le câble du frein lâche.
– **Pédale en arrière!** hurle l'invisible.
Mais sans chaîne, il n'y a pas moyen de freiner avec les pédales. Pierre-Emile fonce droit sur une voiture.
– **La glace!** croasse l'invisible, **fais gaffe à la glace!** Pierre-Emile saute de la bicyclette qui se fait happer par une voiture. Il y a un crissement de freins. Les rayons se tordent sous les roues.
Les jambes flageolantes, Pierre-Emile va s'asseoir sous le porche d'une maison. Il prend un morceau de sa glace.
– **Bon, une fois de plus ça ne s'est pas trop mal terminé,** dit l'invisible d'une voix un peu tremblante. **J'ai eu peur que tu laisses tomber ta glace.**

Pierre-Emile s'imagine qu'il aura bientôt un nouveau vélo. Il se trompe lourdement. Au dîner, son père répond simplement:
– Non.
Il le dit si clairement, sans la moindre hésitation, que Pierre-Emile sursaute.

– **Allez, rigole,** lui conseille l'invisible. **Fais comme si c'était une plaisanterie.**
Mais Pierre-Emile n'ose pas. Il demande encore:
– Pourquoi pas?
Papa regarde d'abord Pierre-Emile, comme s'il était stupide,

puis sa femme. Telle une épée, il tient sa cuillère debout dans son poing. Puis il creuse dans sa soupe, comme si, au lieu d'étoiles et de lettres, y flottaient des morceaux de cadavres.
– Et tu demandes pourquoi? s'étonne-t-il.
Pierre-Emile secoue la tête et se mord la langue.
– On dirait qu'il est soudain devenu mesquin et avare, commente l'invisible. **Mais au fait, si on y pense, il a toujours été stupide et mesquin. Mais avare? Ça c'est nouveau. Tu n'es pas d'accord?**
Pierre-Emile n'entend pas ce que lui murmure l'invisible. C'est pourquoi sa réponse à mi-voix, destinée essentiellement à celui-ci, fait sursauter ses parents:
– Je me fiche de ce que tu penses. Tu n'y connais rien de toute façon.
Maman retient son souffle. Papa pose sa cuillère à côté de sa tasse.
– Ah vraiment, je n'y connais rien? Eh bien moi, en tout cas, je ne conduis pas mon vélo d'une seule main.
Papa se frappe le front du plat de sa main.
– On peut être reconnaissant que tu sois encore en vie! s'exclame maman.
Dans l'excitation générale, Pierre-Emile traduit à haute voix la réponse que donne à papa l'invisible:
– Parce que tu n'en es pas capable. Moi, je peux même aller à vélo en lâchant les deux mains.
Papa abat sa main sur la table. Les tasses de bouillon sautent.
– Tu n'auras plus jamais de vélo, tu entends! Mais ce que tu vas avoir tout de suite, tu veux le savoir? Interdiction de sortie.

Parfaitement. Avec interdiction de télé!
L'invisible tente de consoler Pierre-Emile.
– Ce soir, il n'y a rien de bien de toute façon. Mais lorsque tes parents seront endormis, il y aura un film d'horreur, au programme de la nuit.
Hors de lui, Pierre-Emile se lève brusquement de table, renversant sa tasse à moitié pleine. Ça n'améliore pas vraiment l'atmosphère.
Il fulmine:
– C'est bien vrai que tu n'y connais rien. Tout ça vient de cette nullité de vélo! C'est de la vraie camelote. La chaîne est sortie et, juste après, le câble des freins a lâché. J'aurais fait mon vol plané de toute façon, même sans ma glace à la main!
Pierre-Emile court s'enfermer dans sa chambre. Il broie du noir.
L'invisible se rapproche prudemment.
– Hé, tu veux pas jouer avec moi?
– Laisse-moi.
– Allez, viens. Un petit jeu. Ça remonte le moral, et le vainqueur décide de ce qu'on fait ce soir.
– Et à quoi on joue?
– Ric-rac, c'est un jeu très facile. Tu vas le comprendre tout de suite. Même ton père le comprendrait.
– Non, je n'ai pas envie. C'est de nouveau un truc pour me faire avoir.
– Non, c'est promis. Sûr.
– Bon, d'accord.
– Pense à un chiffre.

– Un chiffre?

– Oui. Ça tu peux le faire, non?

– Oui, bien sûr.

Pierre-Emile ferme les yeux et pense au chiffre 486. Ce sont des euros, le prix du vélo qui maintenant n'est plus qu'un tas de ferraille.

– Dis ton chiffre.

– 486.

– Ha! crie gaiement l'invisible. **Moi, j'ai 487! Dommage, tu as perdu. Vous n'apprenez vraiment rien d'utile à l'école.**

– Laisse-moi tranquille. Tu me tapes sur les nerfs.

Pierre-Emile prend un livre dans sa bibliothèque. Il ne lit pas vraiment, il veut juste montrer à son double qu'il ne fait plus attention à lui. Il a déjà lu ce livre, il y a deux mois. C'est l'histoire d'une petite fille dont le père est au chômage, et qui trouve une solution géniale pour l'aider.

L'invisible fait tout de suite une tentative pour attirer l'attention.

– Pierre-Emile?

– Laisse-moi.

– Oh hé, Pierre-Emile! Tu sais pourquoi ton papa ne veut pas t'acheter un nouveau vélo?

– Oui, parce que c'est un crétin, avare et mesquin.

– Non, ce n'est pas ça, tu le juges mal.

– Ah bon?

– Il t'en achèterait bien un, s'il avait les moyens.

– Qu'est-ce que tu veux dire?

L'invisible hésite un moment.

– Je parie qu'il est au chômage, dit-il finalement.
– Foutaise.
– Mais si. Son patron l'a sûrement flanqué à la porte. Il y a des chances qu'il se soit comporté à l'agence comme à la maison, enfin, je veux dire...
Pierre-Emile réfléchit. Son double pourrait bien avoir raison. Papa a tellement changé ces derniers temps. Il est plus souvent à la maison qu'auparavant. Toujours nerveux. Toujours irrité. Il ne plaisante presque plus. Il fait des remarques acides ou ironiques. De plus Pierre-Emile sait qu'il a eu une grande dispute avec son patron à propos d'une firme américaine de cigarettes.
Pierre-Emile réfléchit longuement à la chose. L'invisible imagine déjà des changements.
– Bon, c'est moi qui décide de ce qu'on va faire ce soir.
– Comment ça?
– Eh bien oui, c'est moi qui ai gagné au ric-rac.
Pierre-Emile sert les poings dans ses poches et grince des dents.
– Alors qu'est-ce qu'on fait?
– C'est évident. On va s'occuper de trouver un nouveau boulot à ton père. C'est une question d'honneur.
Pierre-Emile hoche la tête. Bien sûr.
L'invisible houspille Pierre-Emile.
– Allez, ne reste pas planté là comme un idiot. Cherche du papier, prends les journaux, l'annuaire téléphonique.
Pierre-Emile se rend compte que son double, en réalité, ne fait jamais rien. Il a des idées, élabore des plans et tient de

longs discours. Mais c'est toujours Pierre-Emile qui fait le travail. L'invisible se contente de donner des conseils.
Pierre-Emile parcourt le journal. Il regarde les offres d'emploi. Les entreprises qui cherchent du personnel. Au lieu d'écrire une lettre, l'invisible propose que Pierre-Emile découpe les lettres dans le journal et les colle. L'invisible l'a vu à la télé, pour un enlèvement. C'était très dramatique, ça l'avait beaucoup impressionné.
Ils écrivent d'abord à la fabrique de bonbons Vanicola.
– Est-ce qu'on écrit fêlé avec un accent aigu ou un circonflexe?
– Avec un circonflexe.
– Zut, je n'en ai pas trouvé dans le journal. Tu crois que ça les gênera beaucoup si on met un accent aigu à la place?
Dommage qu'on ne puisse pas voir où est l'invisible pour lui faire des grimaces, pense Pierre-Emile.
– Et où veux-tu mettre ce mot?
– Eh bien, au début de la lettre: «Espèces de cochons fêlés». Comment trouves-tu ça? Ou plutôt: «A vous, les imbéciles visibles»? Qu'est-ce qui fera le plus d'impression sur la direction?
Pierre-Emile prend une grande inspiration et propose:
– Qu'est-ce que tu dirais de «Messieurs»?
– Non, c'est trop commun. Et puis ça ne va pas. Imagine que l'entreprise soit dirigée par des femmes et qu'on leur dise «Messieurs», elles n'apprécieraient certainement pas.
Ils tombent finalement d'accord sur une formulation intermédiaire.

La première lettre se présente ainsi:

Très honorés débiles,
Chez vous, on dirait que personne ne sait ce qu'est
un bonbon.
Vous ne faites pas la différence entre la réglisse et le cirage.
Qui voudrait manger votre saloperie
à moins d'y être forcé?
Vous avez besoin de moi, et de toute urgence.
Mister X

La deuxième lettre est adressée à l'entreprise dont l'adresse est collée sur le cadre du vélo plié de Pierre-Emile.

Ignares complets et complètes,
On devrait tout simplement mettre le feu à votre fabrique.
Vous auriez mérité qu'on vous envoie
au fin fond du désert.
Ou, comme punition, qu'on vous fasse apprendre
les maths chez M. Trompette.
Vous avez besoin d'un homme capable. Moi.
Ou voulez-vous continuer à fabriquer des vélos
avec lesquels on fait des vols planés quand
on change de vitesses en mangeant une glace?
Mister X

Suivant les instructions précises de son double, Pierre-Emile prépare encore cinq lettres. A présent, le tube de colle est vide. Pierre-Emile cherche des enveloppes dans le bureau de son père, qui en a à revendre. Ensuite, il glisse les lettres dedans, puis colle les timbres qu'il paie de sa poche, ce dont il est assez fier.
Il aurait peut-être mieux fait d'utiliser ses propres enveloppes. Mais il les trouve complètement nunuches. C'est tante Olga qui lui en a fait cadeau pour Noël; elles sont ornées de petits cœurs, de petits cochons roses et de fleurs. Tante Olga aime le rose. Les enveloppes de papa sont blanches et portent au revers ses adresses privée et professionnelle.

Ces jours-ci, le papa de Pierre-Emile se sent encore moins bien que d'habitude. Il est au lit avec un rhume.
Il refuse de répondre au téléphone. D'habitude, il exige que chacun dise la vérité, mais à présent tout le monde doit mentir à son propos. Comme il ne veut parler à personne, maman et Pierre-Emile doivent raconter des histoires au téléphone.
Ainsi, un beau jour, vers la fin de l'après-midi, son patron sonne à la porte. C'est la seule manière d'atteindre son collaborateur, dit-il en s'excusant.
Quand il parle de lui, papa le traite toujours de «vieille tête de bique». Lorsque maman ouvre la porte, le voyant pour la première fois, elle est très surprise. Il n'est pas vieux en tout cas, et ce n'est pas comme ça qu'elle s'était imaginée une tête de bique.

L'homme qui se tient devant elle a un large sourire. Il est bronzé, sa chemise est aussi blanche que ses dents, et il porte une veste de cuir aux manches négligemment retroussées. Avec ses cheveux coupés courts et sa barbe de trois jours, il a plutôt l'air d'un aventurier que d'une vieille tête de bique. Quand un homme impressionne maman, il n'y a pas seulement son regard qui change, mais tout son corps. D'un coup, elle se redresse et rejette ses cheveux en arrière. Sa voix change de ton aussi. Elle devient douce, engageante, un peu rauque.

– Puis-je parler à votre mari? demande la tête de bique.

– Oui. Enfin… non. Mais, hum… entrez, je vous prie.

Quelques instants plus tard, les voici installés l'un en face de l'autre au salon. L'aventurier bronzé, en veste de cuir, et le père de Pierre-Emile, dans son pyjama trempé de sueur. Assise entre eux, sur le troisième siège, la maman de Pierre-Emile. Sa tête se tourne d'un côté à l'autre, comme au tennis. Ping pong. Ping pong.

Personne ne fait attention à Pierre-Emile. Il est à moitié caché derrière un fauteuil et il se mord la lèvre en écoutant la conversation.

L'agence de publicité a perdu un important client, Vanicola. La tête de bique, qui n'en est pas une, montre au papa de Pierre-Emile la lettre de résiliation du contrat, avec une copie de la lettre que Pierre-Emile leur a envoyée.

– Ils se sentent «floués et offensés». Il parcourt rapidement la lettre. Il a oublié la phrase principale. La voilà, elle est soulignée: «Au lieu de faire de la pub pour nos bonbons, vous

nous traînez dans la boue». Il laisse échapper un petit sifflement. Mais qu'est-ce qui vous a pris?
Le père de Pierre-Emile hausse les épaules. Il se mouche dans un mouchoir en papier et dit laconiquement:
– Ce n'est pas moi. Il prononce ces mots avec le même ton et la même expression innocente que Pierre-Emile, quand lui-même dit cette phrase.
Pierre-Emile décide de s'en mêler.
– C'est vrai, ce qu'il dit, ce n'est pas lui.
– Mais tais-toi donc, imbécile, souffle l'invisible. **On n'a que des problèmes quand on dit la vérité. On ne t'a jamais appris ça à l'école?**
Le patron de papa regarde Pierre-Emile d'un air désapprobateur. Il fronce les sourcils.
Pierre-Emile voit le regard effrayé de sa mère. Ses lèvres ne forment plus qu'une mince ligne. C'est l'expression qu'elle prend quand elle est prête à défendre son fils, serait-ce même contre cet homme impressionnant.
– Mais alors qui donc? demande le patron d'un ton menaçant.
Le papa de Pierre-Emile regarde son fils d'un air implorant en secouant énergiquement la tête.
Mais Pierre-Emile persiste.
– C'était l'idée de l'invisible.
La mère de Pierre-Emile l'attire contre elle. Elle lui caresse les cheveux. Sa voix prend ce ton compréhensif qui exaspère tellement son fils.

– Ce garçon a tant de fantaisie, il imagine parfois qu'il a un double invisible avec lequel il joue et qui lui parle.
– Vous êtes en train de me dire qu'à cause de ce petit crétin, j'ai perdu un contrat de plusieurs millions?
Le patron de papa se dresse maintenant de toute sa hauteur, tel un dieu de la vengeance.
– Vous êtes licencié! Je vous mets à la porte! Et j'exigerai des dommages et intérêts.
– C'est injuste, ce n'était pas lui, crie Pierre-Emile.
On sonne.
La mère de Pierre-Emile va ouvrir. De nouveau, un homme se tient devant la porte. Pas aussi jeune, pas aussi beau. Petit et grassouillet, il porte un complet mal taillé. C'est plutôt lui qui aurait l'air d'une vieille tête de bique. Mais il rayonne, au contraire, comme un cochon en massepain.
Lui aussi a une lettre à la main. Elle fait penser à une lettre de chantage. Il veut parler à M. X.
Il passe à côté de la maman de Pierre-Emile et entre au salon. Son regard va du papa de Pierre-Emile à son patron.
– Qui de vous deux est le génie?
Tous le dévisagent sans comprendre.
– Enfin, qui m'a envoyé cette lettre qui dit la vérité sur nos bicyclettes?
– Moi! s'écrie Pierre-Emile.
Son père secoue la tête avec véhémence.
– Non, il ment. Ne le croyez pas.
– Enfin, peu importe. Qui que ce soit, personne ne m'a jamais

rendu attentif à un défaut de fabrication, de façon aussi originale. J'ai immédiatement jeté dehors mon chef de fabrication.

– Eh bien, il était temps.

– C'est exactement la manière dont il faudrait faire la publicité. Ça frappe, ça fait réagir.

Le patron de papa se racle la gorge. Il a soudain l'air d'avoir tiré le gros lot.

– Puis-je vous présenter notre meilleur collaborateur? Il s'agit de mon employé. Notre agence de publicité serait heureuse de pouvoir vous compter parmi ses clients.

– Mais vous venez de mettre mon papa à la porte! crie Pierre-Emile.

– Vous ne pouvez pas lui faire tenir sa langue à celui-là! grince le patron.

– Donne-lui un bon coup de pied dans le tibia! suggère l'invisible.

Le petit gros regarde attentivement le papa malade de Pierre-Emile. Il le regarde comme s'il n'avait jamais vu quelqu'un d'aussi extraordinaire.

– Je double votre salaire si vous venez chez moi.

Le patron de papa s'étouffe.

– Mais… comment? Vous… vous ne pouvez pas débaucher comme ça mon meilleur collaborateur! C'est interdit, ça ne se fait pas!

Pierre-Emile veut ajouter quelque chose, mais maman le tire hors de la pièce.

Elle lui demande de se taire. S'il reste tranquille jusqu'à ce que les trois hommes se soient entendus, il recevra un vélo en récompense.

Pierre-Emile est d'accord. Soulagée, sa maman le pousse dans sa chambre et ferme la porte.

– **Alors,** ricane l'invisible. **Quel succès! On a bien réussi notre coup! Je te l'avais bien dit: avec la vérité on n'arrive à rien. D'ailleurs personne ne veut la connaître. Ne me regarde pas comme ça. Va chercher des journaux et de la colle. On va maintenant écrire à tous tes professeurs pour qu'ils te donnent de meilleures notes.**

Pierre-Emile se touche le front du doigt.

– Je ne suis pas fou.

– **Si tu fais ce que je te dis, tu seras bientôt directeur, et lui, retournera sur les bancs d'école. On parie?**

– Non.

– **Mais tu serais d'accord de jouer au ric-rac avec moi?**

– Oui, si tu veux.

– **Tu es sérieux? Tu veux vraiment jouer avec moi?**

– Oui. Mais à une condition.

– **Laquelle?**

– C'est toi qui commences.

Les braves garçons n'ont que des ennuis

Juste avant les vacances, c'est le moment où tout le monde crâne et se vante. Fred est le roi des vantards. Il part dans une île avec son père, à ce qu'il paraît, pour prendre un cours de plongée sous-marine. Les autres garçons l'envient déjà rien que pour ça. Mais ce n'est pas tout. Fred prétend que, sur cette île, les femmes se promènent les seins nus. C'est pour cette raison que Fred a demandé un appareil photo pour Noël et une paire de jumelles pour son anniversaire. Il a reçu les deux. Il faut dire que c'est un bon élève. Et en sport, il est premier.

Pierre-Emile l'écoute en se demandant comment Fred s'arrange pour être toujours le centre d'attraction. Tous l'entourent, bouche bée. Même Juliette, la merveilleuse Juliette aux yeux verts et à la chevelure de feu. Elle se mordille pensivement la lèvre en regardant Fred.

Le double invisible de Pierre-Emile envie Fred, lui aussi. Ça lui plairait bien d'aller sur une île au lieu de passer trois semaines dans les Vosges. De plus, il est d'avis que les femmes devraient toujours se promener les seins nus.

Heureusement que Pierre-Emile ne prête pas sa voix à ces élucubrations; ce n'est pas comme ça qu'il se ferait bien voir de Juliette. Celle-ci est très irritée par ce que raconte Fred et agacée que les garçons rêvent tous d'aller dans cette île.

Pour faire diversion, elle invente un mensonge:

– Eh bien moi, je vais avec mes parents à Paris, à Disneyland. Je trouve complètement idiot de passer toutes ses vacances affalé sur une plage. C'est à mourir d'ennui. Et puis, depuis que j'ai eu deux ans et que j'ai cessé de téter, je ne trouve plus les seins si fascinants…

Ses mots résonnent dans la tête de Pierre-Emile. Il ferme les yeux et imagine Juliette criant de joie en descendant les rapides. Et derrière elle, qui est là? Pierre-Emile en personne. L'invisible ajoute immédiatement son grain de sel.

– Mais c'est complètement idiot. Toi et cette dinde à Disneyland. Et qu'est-ce que je deviens, moi, dans tout ça? Tu ne vas t'occuper que d'elle. Je vois ça d'ici. Juliette par ci, Juliette par là. Tu veux que je te cherche une glace, Juliette? Tu veux que je te porte ton sac? Je te le dis, on ferait bien mieux d'aller sur cette île avec Fred!

Pierre-Emile n'a même pas encore mordu dans son sandwich que la cloche sonne. Leçon de français avec Raton. Il rend les copies de la dictée. Pierre-Emile a fait vingt fautes. Il a de nouveau un blâme.

Son double n'arrête pas d'ergoter. Il insiste pour partir avec Fred sur son île. Pas question d'aller à Disneyland avec Juliette. Il ne s'entend d'ailleurs plus avec l'invisible de Juliette, qui n'aime pas sa voix. Ça l'énerve, paraît-il. Et, sans voix, son organe le plus important, un invisible n'est pratiquement plus rien.

Pierre-Emile n'accorde aucune attention à son double. Il est en train d'élaborer un plan. Il ne pense plus qu'à ça: comment faire pour rejoindre Juliette à Disneyland. Il serait prêt à passer ses vacances au désert pour être en sa compagnie. Il sent que sa cote commence à monter auprès d'elle.

Pierre-Emile doit faire signer sa dictée par ses parents. Sur le chemin du retour, son double lui suggère d'imiter leurs signatures.

– Pourquoi charger tes parents de choses inutiles. Tout ça ne peut que les attrister. On peut s'en occuper nous-mêmes. Au lieu de leur montrer la dictée, demande-leur plutôt si tu peux partir en vacances avec Fred.

Pierre-Emile secoue la tête.
– Laisse-moi tranquille. De toute façon, ils ne me le permettront jamais.
– Mais pas du tout. Il faut seulement le leur présenter de la bonne façon. Ecoute-moi bien. Tes parents, eux aussi, seraient ravis de passer des vacances sans toi, pour changer.
– Ce n'est pas vrai! proteste Pierre-Emile, piqué. Ils aiment bien me prendre avec eux!
L'invisible rit de tant de naïveté.
– Je les ai écoutés. Ton père en a marre de ces vacances de bébé dans les villages de vacances. Il en a jusque-là de ces fermes, de ces promenades en poney. Il préférerait se faire arracher une dent que de retourner passer des vacances avec toi et ta mère dans les Vosges.
– Tu mens! hurle Pierre-Emile.
Son double réplique:
– C'est celui qui crie le plus fort qui a tort. Tes parents seraient fous de joie que tu leur donnes un peu de répit – de toi!
L'air boudeur, Pierre-Emile croise les bras sur sa poitrine. Il décide de ne plus dire un mot.
Son double parle pour deux.
– Je comprends, tu as peur d'être seul. Mais je te jure de venir avec toi. Je n'irai pas jouer au golf avec ton père.
Juliette marche derrière Pierre-Emile, à quelques pas de lui. Elle voudrait bien l'encourager. S'il continue comme ça, il va doubler son année. Ça l'ennuierait, parce qu'elle trouve que c'est le plus gentil garçon de la classe. Elle pourrait lui donner

un coup de main en maths, et même en français. Elle va lui offrir son aide.

Mais au moment où elle l'appelle pour lui proposer de l'aider, il lance, sans se retourner:

– Laisse-moi tranquille, à la fin. Puis il court chez lui.

Juliette ne sait pas si elle doit se sentir offensée. Elle connaît Pierre-Emile. Parfois il entend des voix. On croit qu'il parle avec quelqu'un, mais non, il se dispute avec son invisible. Tom et Fred prétendent que Pierre-Emile est bon pour l'asile de fous. Pour elle, c'est plutôt Fred qui devrait y aller.

Quand Pierre-Emile arrive à la maison, il trouve sa mère en train d'ouvrir le rapport trimestriel de l'école. C'est une enveloppe grise. Les notes en maths, français et musique sont insuffisantes. Son passage dans la classe suivante est sérieusement compromis.

– Tu n'as qu'à dire que tu es trop chargé, suggère l'invisible. **Dis-lui que tu n'as pas eu assez de temps pour travailler parce que tu cherchais un job pour ton père.**

A voir la figure de sa mère, Pierre-Emile devine que ce ne serait pas la bonne technique. L'époque où Pierre-Emile répétait sans réfléchir tout ce que lui soufflait l'invisible est révolue. Au lieu de cela, il dit:

– Je regrette, maman, j'ai l'intention de faire des progrès. Je sais bien que j'ai fait des bêtises, au lieu de travailler.

Maman n'en croit pas ses oreilles. Elle regarde son fils avec de grands yeux.

L'invisible grommelle:

– Tout faux! Il fallait au contraire que tu te plaignes de tes maîtres. Que tu les rendes responsables. Comme ça vous pouviez ensemble en vouloir à tes profs. Maintenant, elle n'en veut qu'à toi.
Mais l'invisible se trompe, une fois de plus. La mère de Pierre-Emile est très touchée que son fils admette ses erreurs. Elle propose de l'aider dorénavant à faire ses devoirs.
– Te voilà coincé, tu es content? soupire l'invisible. Et ça ne va pas s'arrêter là. C'est vraiment exaspérant que tu ne veuilles jamais m'écouter.
Pierre-Emile répond à sa mère, en gonflant la poitrine:
– J'y arriverai bien tout seul, maman.
Sa mère est très impressionnée.
Papa rentre, l'air plutôt épuisé. La climatisation est en panne dans son nouveau bureau, et elle fait autant de bruit qu'un avion qui décolle. Pour travailler en paix et éblouir son nouveau patron, papa a apporté ses dossiers à la maison.
Pierre-Emile va dans sa chambre. Il va travailler.
A peine sont-ils tous les deux dans la chambre, que son double s'écrie:
– C'était un bon truc de dire que tu allais travailler. Je n'aurais pas cru ça de toi. Elle est tombée dans le panneau.
– Ce n'était pas un truc, je vais vraiment travailler pour l'école.
– Faut-il que j'appelle un médecin? Tu te ne sens pas bien?
– Non, je n'ai pas envie de redoubler, c'est tout.
– Et pourquoi pas? Tous les élèves intelligents redoublent au moins une fois. Il n'y a que les parfaits imbéciles pour glisser

à travers les années d'école le plus vite possible. Il faut avoir fait un tour d'honneur au moins une fois.

– Tu dérailles complètement.

– Visible, écoute un peu. Tant que tu es à l'école, tu as au moins trois mois de vacances par année. Regarde ton père, il peut s'estimer heureux d'avoir un mois de vacances. Plus vite tu auras fini l'école, plus vite tu deviendras un esclave, comme ton père.

Pierre-Emile ouvre la fenêtre et commence à chanter à tue-tête.

Auprès de ma blonde, il fait bon, fait bon, fait bon,
Auprès de ma blonde, il fait bon dormir…

L'invisible connaît une bien meilleure chanson.

Buvons un coup, buvons en deux,
A la santé du roi de France,
Et merde pour le roi d'Angleterre,
Qui nous a déclaré la guerre…

Maman entrouvre la porte.

– Que se passe-t-il? Je croyais que tu faisais tes devoirs.

– C'est ce que je fais, maman. J'ai l'intention d'améliorer ma note en musique. Je vais suivre régulièrement le chœur maintenant. Et puis je veux chanter une chanson à M. Raton. Peut-être qu'il reverra sa décision.

– Et si tu apprenais ton livret? C'est bien ça qui te pose des problèmes, non?

– Mais maman, ce n'est pas avec le livret que j'aurai de meilleures notes en musique.
Maman chuchote:
– Tu pourrais t'exercer en faisant moins de bruit. Ton père est de mauvaise humeur, aujourd'hui.
Elle disparaît.
– Tu vois, les braves garçons qui font des efforts pour étudier n'ont que des ennuis. D'abord on se pourrit la vie, puis on vous donne le coup de grâce.
– C'est vrai, dit Pierre-Emile en hochant la tête. Tu as raison, on va regarder la télé.
Pierre-Emile prend la télécommande et se jette sur son lit. Il zappe. Sur la 1re, un film d'amour, sur la 2e, un film d'amour triste, sur TV5, *Roméo et Juliette*, sur la 6, une comédie sentimentale. Toutes les scènes lui rappellent Juliette.
L'invisible voudrait voir un film d'action. Pierre-Emile arrête la télé.
A peine l'écran s'est-il éteint que la silhouette de papa s'encadre dans la porte. Non, il ne fait pas de remarque sur le fait que Pierre-Emile n'a pas rangé sa chambre. Il a l'air sérieux, il plisse le front. Tenant à la main la lettre de l'école, il s'adresse à Pierre-Emile d'un ton grave :
– Maman m'a dit ce que tu avais l'intention de faire. Tu as décidé d'en mettre un coup, paraît-il, et d'y arriver vraiment.
Pierre-Emile opine du chef.
Papa poursuit:
– C'est bien. Ça me plaît. Tu as une nature de battant. Tu tiens ça de moi.

Papa change soudain de ton. De grave, il devient carrément cérémonieux.
– Mon cher Pierre-Emile, tes parents ont décidé de t'encourager sur cette bonne voie. Tu as droit à un vœu.
Pierre-Emile se redresse d'un bond.
– Pas de punition, pas de… c'est vrai, je… je peux faire un vœu?
Son père lève l'index.
– Oui. A condition que tu passes ton année, bien entendu.
– Oui… je… alors… je sais exactement… j'aimerais aller à Paris.
Son père sourit de satisfaction.
– Ah oui, Paris, c'est une bonne idée. Tu n'y es encore jamais allé. On pourrait te montrer le Louvre, les musées. Il commence à rêver. C'est bien que tu t'intéresses déjà à la culture. On pourrait aussi aller à Versailles…
– Eh bien, bravo! Continue comme ça, et non seulement on va passer tout notre temps libre à réviser, mais encore toutes nos vacances à visiter des musées! Moi, tu le sais bien, je préfèrerais de loin aller avec Fred sur…
– Papa, je ne veux pas aller au Louvre.
Papa s'arrête en pleine envolée.
– Ah non?
– Non.
– Alors où veux-tu aller?
– A Disneyland.
Papa avale sa salive. Ses traits se défont.
– Oui, mais…

– Je travaillerai dur, papa, je te le promets.
Pierre-Emile connaît à fond la figure de son père. Elle porte maintenant l'expression: «C'est bien trop cher». Pierre-Emile ajoute très vite:
– Tu sais, ça va être très difficile, j'ai des insuffisances en français, en maths et en musique.
Papa balance sa tête de droite à gauche. Cela signifie qu'il n'a pas encore décidé.
L'invisible chuchote:
– Rajoute encore des insuffisances en géographie et en dessin. Plus la tâche est grande, plus la récompense doit l'être.
– Tu sais qu'on avait l'intention de passer trois semaines dans les Vosges. Disneyland, c'est vraiment très cher.
– Papa! Il vaut mieux passer trois jours à Disneyland que trois semaines dans les Vosges!
L'invisible s'en mêle.
– Et que coûtent les vacances de Fred? Ça ne peut pas être si cher que ça. On économise en plus sur la lessive. Les femmes n'ont même pas besoin de soutien-gorge…
– La ferme.
Papa commence à se fâcher.
– Comment est-ce que tu parles à ton père!
– Mais non, papa, ce n'était pas à toi que je parlais. C'est à moi que je disais de me taire. C'est vrai, tu te donnes tant de peine. Tu travailles dur pour que nous puissions partir en vacances tous ensemble. Je n'ai vraiment pas le droit de me plaindre, je devrais être reconnaissant pour tout ce que tu fais pour nous.

– **Oh, que c'est futé,** s'extasie l'invisible. **Voilà que tu tiens ton père par le bout du nez.**

C'est la réalité. Le père de Pierre-Emile est ravi de cette reconnaissance. Il ne parvient pas à lutter contre un sentiment de générosité qui l'envahit soudain.

Il promet à son fils d'aller à Disneyland.

– D'accord, où tu voudras, si tu réussis vraiment. Tu sais que je n'ai pas beaucoup de temps pour t'aider. Mais si tu en as besoin, je t'offre volontiers des leçons particulières.

Pierre-Emile se jette dans les bras de son papa.

– Quand je serai grand, je veux être comme toi, papa!

– Mais qu'est-ce que tu entends par là? Tu veux devenir idiot? Avare? Gros? Ou seulement marié?

Papa quitte la chambre de son fils, les larmes aux yeux, tant il est ému. Ça ne l'empêche pas de se retourner pour rappeler, le pouce levé:

– Pas une seule note insuffisante, on est bien d'accord? Et on va à Disneyland!

– Te laisse pas impressionner! Avec une note au-dessous

de la moyenne, tu passes encore. Tu peux tranquillement en avoir une.

Pierre-Emile fait un clin d'œil à son père.

– J'y arriverai, papa, ne t'en fais pas!

Pierre-Emile lance tous ses manuels sur son lit. Par quoi commencer? Les maths? Le français?

La voix de son double est pleine de respect.

– Ah bon, j'ai pigé. J'allais presque gober ton histoire. Tu te fais payer des leçons particulières, tu prends l'argent, et avec ça nous partons secrètement à Disneyland…

– Non.

– Comment ça, non? Qu'est-ce que tu mijotes?

– Mais je vais travailler. Je vais m'appliquer jusqu'à ce que je sois aussi bon que les autres.

L'invisible est écœuré.

– Je savais bien qu'un beau jour tu allais disjoncter. Mais comme ça, subitement, sans crier gare…

Pierre-Emile passe le reste de la journée à apprendre par cœur le livret. C'est là qu'il est le plus faible. C'est vrai, il sait déjà qu'une fois sept fait sept, et dix fois sept, soixante-dix. Mais, quatre fois sept ou huit fois sept? Ou même sept fois sept? Comment se mettre tout ça dans la tête? C'est impossible!

Pierre-Emile apprécie vraiment la proposition de Juliette de l'aider pour ses devoirs. Mais il préfèrerait de beaucoup qu'elle le considère comme un héros, un gars génial. Pas un pauvre type qu'on doit pousser.

Il dit le livret de sept à haute voix. Il imagine en même temps que c'est lui qui apprend quelque chose à Juliette.
Il ferme les yeux. Il est le meilleur élève de l'école. Avec le maximum dans toutes les matières. Juliette est assise sur l'escalier en train de pleurer. Elle redoute l'examen de maths. Il s'assied à côté d'elle, lui passe un bras autour des épaules. Grand seigneur, il lui promet: «Juliette, tu peux me faire confiance, je t'aiderai.» En classe, elle mâchonne désespérément son stylo, tout en lui lançant des regards désespérés. Lui, Pierre-Emile, le génie en maths, sait de quoi il s'agit. Il lui glisse un billet avec toutes les réponses – les bonnes, bien sûr. Elle attrape la bouée de sauvetage avec reconnaissance et lui envoie des lèvres un baiser. Et bien que tout cela se passe dans l'imagination de Pierre-Emile, il sent le baiser lui brûler le front.
– C'est ce que doivent sentir les bœufs quand on les marque au fer rouge sur la fesse, ricane l'invisible. **On entend le grésillement de la peau!**
Voilà ce qui exaspère le plus Pierre-Emile, que son double connaisse toutes ses pensées. Il ne peut rien lui cacher.
– Tes rêves sont mignons. Et surtout, ils t'indiquent la direction à prendre.
– Quelle direction?
– Mais tricher, bien sûr. Tu n'as que cette possibilité, d'ailleurs. Je te montrerai comment. Pour la triche, je suis le meilleur. Devine ce que je viens de faire pendant que tu t'échinais si inutilement à apprendre ton livret de sept. Je me

suis rendu chez ton prof de maths. Sans problème, puisque je suis invisible. Et je peux te donner le champ de la prochaine interrogation: les pages 47 à 59.

Pierre-Emile feuillette son manuel. Les livrets de huit et de neuf.

– Quelle barbe! Maintenant que je sais le livret de sept, il faut que je me tape encore ça! Mais pourquoi faut-il apprendre ces trucs-là?

– Parce que, de façon générale, tous les profs de maths sont des imbéciles. Chez nous, les invisibles, ça n'existe pas.

– Alors vous calculez comment?

– Nous, on ne calcule pas du tout. Nous avons des types comme toi, pour le faire. C'est pour ça qu'il faut que tu travailles à présent. Viens, je vais t'aider.

– O.K., vas-y.

Pierre-Emile s'est endormi sur son livre de maths vers onze heures et demie. Il sait maintenant les livrets de sept, huit et neuf.

Maman voit de la lumière sous la porte de son fils. Elle le soupçonne de regarder le film de minuit en cachette. Elle ouvre la porte et le découvre en train de ronfler, le nez dans son manuel. A la page 51. Elle a honte de sa suspicion. Elle enlève le livre, recouvre tendrement Pierre-Emile et ressort de la chambre sans faire de bruit. Pierre-Emile continue à dormir comme un bienheureux.

Peu avant quatre heures, l'invisible réveille Pierre-Emile.

– Psst, réveille-toi, petit crétin! Ou plutôt gros crétin. Non, malchanceux serait plus approprié.

– Qu'est-ce que tu me veux encore? Laisse-moi dormir.

– Non, ce n'est pas le moment. Tu dormiras un autre jour. Il faut que je te dise quelque chose d'important. Je suis

retourné chez ton prof de maths. Il a changé d'avis. Ce ne sont plus les pages 47 à 59, mais 59 à 69.

Pierre-Emile est complètement réveillé. Ah, ce qu'il aimerait pouvoir attraper son double et le secouer.

– Quoi? Mais comment? Tu m'avais pourtant dit les pages 47 à 59?

– Je sais, mais il a changé d'avis.

– Mais pourquoi?

– Je t'avais bien dit que les profs de maths étaient des imbéciles. Ils sont tous comme ça. Partout dans le monde.

A moitié endormi, Pierre-Emile cherche son livre de maths. Il regarde les pages 59 à 69. Ce sont les livrets de cinq et de six. Il se frotte les yeux. Il se met au travail.

Son double, pour chaque multiplication, lui dit un dicton, des bêtises à lui, qui aident Pierre-Emile à se souvenir.

6 fois 6: 36, la grand-voile se hisse.

7 fois 6: 42, les bonnes choses vont par deux.

5 fois 6: 30, Pierre-Emile dort sous la tente.

3 fois 6: 18, papa s'est pris une super cuite.

L'arôme des petits pains frais et du thé de menthe rappelle à un Pierre-Emile bien fatigué que la nuit est passée.

Il se traîne à l'école comme un zombie. Il ne se sent pas bien, il est aussi de très mauvaise humeur. Quant à son double, il considère que l'école est de toute façon nuisible à la santé.

Néanmoins Pierre-Emile passe le test de maths sans difficulté. Il a fini avant tous les autres. Il profite des cinq dernières minutes pour faire un somme.

Chanter comme Michael Jackson

Pierre-Emile est à la maison, devant la cuisinière, occupé à se faire cuire un œuf sur le plat. Il se débrouille très bien. Maman lui a appris. Chaque fois qu'elle passe la soirée chez tante Olga, Pierre-Emile se fait un œuf sur le plat. Il adore ça. Aujourd'hui, maman n'est pas chez tante Olga. Elle n'a tout simplement pas envie de faire la cuisine. Elle ne se sent pas très en forme et s'est fait couler un bain. Elle y a mis des petites boules jaunes qui se dissolvent dans l'eau et diffusent un parfum agréable. C'est supposé calmer et relaxer les nerfs. Maman en a bien besoin aujourd'hui. Elle est fière de son grand fils qui peut se débrouiller tout seul.

Pierre-Emile est préoccupé. Il aura une note suffisante en maths, mais la musique et le français restent problématiques. Ces six derniers mois, Pierre-Emile a manqué quatre fois le chœur et six fois les cours de musique. Chaque fois qu'il manque, ça lui fait un trait rouge. Cinq traits rouges donnent un blâme, et Pierre-Emile a déjà dix traits rouges…

– Si au moins je chantais bien, mais ce n'est vraiment pas le cas, se dit Pierre-Emile complètement désespéré. Il est déjà prêt à apprendre la gamme, pour impressionner Raton.

Mais son double a une meilleure idée.

– Mets-toi à genoux devant Raton et demande-lui pardon.

– Ah non, pas ça, tout le monde se moquerait de moi. Tu imagines Fred devant ce spectacle? Pierre-Emile fait un geste.

Il mourrait de rire.
– Il n'a pas besoin d'y assister.
– Comment ça?
– Mais non. Raton va bientôt avoir 50 ans. Penses-tu que Fred sera invité à son anniversaire?
Pierre-Emile secoue la tête.
– Sûrement pas.
– Alors tu vois. C'est la circonstance rêvée pour faire ton entrée en scène.
– Je devrais aller à son anniversaire et lui faire la sérénade? Oublie tout de suite.
Le blanc de l'œuf commence à faire de grosses cloques. Il est déjà un peu noir le long des bords. La poêle grésille.
L'œuf est prêt. Pierre-Emile pourrait le manger, mais il l'a complètement oublié. Il en a même oublié son estomac qui gargouille. La proposition de son double lui a coupé le souffle.
– Tu te souviens de ce que les amis de ton père lui avaient offert pour son dernier anniversaire? Et qui avait tellement exaspéré ta mère?
– Tu veux dire la strip-teaseuse?
– C'est ça.
Pierre-Emile porte son index à sa tempe.
– Tu es en train de dire que je devrais faire une danse du ventre et un strip-tease à l'anniversaire de Raton?
– Non, mais tu pourrais sortir de la tourte géante et lui chanter une chanson. Ça lui ferait sans doute plaisir.
Le nez de Pierre-Emile perçoit une odeur de brûlé, mais son

cerveau ne fonctionne pas. Il n'a pas encore enregistré l'information du nez. L'œuf continue à grésiller dans la poêle.

– Les grands de la 9a ont fait une collecte. Ils ont décidé d'offrir à Raton une strip-teaseuse dans une tourte.

– Il va avoir les mêmes ennuis que papa.

– Pas si c'est toi qui sors de la tourte géante pour lui chanter une chanson. On organisera ça comme le Mini-Playback-Show, qui passe une bande pendant qu'un idiot fait semblant de chanter.

– Et l'idiot, ce sera moi?

– Oui, bien sûr.

Une fumée épaisse s'élève maintenant de la poêle. Elle s'écoule lentement par la fenêtre. De dehors, on dirait que la cuisine est en feu.

Pierre-Emile saisit la poêle et la retire du feu. Il est entouré d'un nuage noir.

– De l'eau! Il nous faut de l'eau pour l'éteindre! hurle l'invisible. **Vite, à la salle de bains, avant que toute la maison ne se mette à brûler!**

Pierre-Emile court à travers la maison, la poêle à la main. Il se précipite dans la salle de bains. Par chance, la baignoire est pleine. Pierre-Emile lance la poêle dedans. Avec un grand splash et un long grésillement, elle sombre dans la mousse odorante. L'œuf s'est détaché et remonte à la surface. On dirait un œil de géant qui flotte au milieu de nuages blancs.

Pierre-Emile soupire de soulagement. Ouf, c'est fait. Il l'a échappé belle.

Juste à ce moment-là, sa mère entre dans la salle de bains.

Elle a remonté ses cheveux et avance, pieds nus, dans sa sortie de bain.

Elle tient à la main un verre d'eau, où se dissout une tablette effervescente contre les maux de tête.

– Ah non, tu ne peux pas te baigner maintenant, dit-elle. C'est pour moi que j'ai fait couler ce bain. Sois gentil, laisse-moi seule, à présent. J'ai besoin d'un peu de détente et de tranquillité.

– Oui, maman, tu le mérites bien, mais…

– Pas de mais, Pierre-Emile. Tu ferais mieux d'aller voir de quoi ton œuf a l'air, ça sent déjà le brûlé dans toute la maison.

– Vaut mieux se tirer, conseille l'invisible. **Dans l'état où elle est, mieux vaudrait ne pas l'agacer.**

Pierre-Emile sait que son double a raison, mais il fait une dernière tentative pour éviter le pire.

– Maman, ce bain de mousse n'est pas bon pour la peau, d'après ce qu'on dit. Ça la ride et la rend toute sèche. Je vais te faire couler un bain avec de l'huile, tu veux bien? Tu n'as certainement pas envie de ressembler à…

Pierre-Emile se mordille la lèvre. Il cherche la personne la plus laide possible.

– A tante Olga, cette grosse dinde, suggère l'invisible.

Reconnaissant pour ce secours, Pierre-Emile clame bien fort:

– …à cette grosse dinde de tante Olga.

– Ça suffit maintenant.

Maman pousse fermement Pierre-Emile hors de la salle de bains et ferme la porte à clef.

Pierre-Emile réfléchit. Que faire à présent? Que faire pour éviter la catastrophe?

– Appelle la strip-teaseuse. N'oublie pas, il y va de ta note de musique.

Pierre-Emile entend maman entrer dans la baignoire.

– Je crains qu'il n'y aille plutôt de ma vie.

Sa mère pousse un cri terrible. On jurerait qu'elle est attaquée par un requin. Elle est loin de penser qu'il ne s'agit que d'un petit œuf sur le plat...

– Enfonce la porte! Il faut qu'on l'aide! hurle l'invisible.

Mais maman a déjà ouvert. Toute dégoulinante, elle court à travers le corridor vers sa chambre à coucher. Elle claque toutes les portes derrière elle.

– Il y a quelque chose dans la baignoire. J'ai touché quelque chose d'affreux, je ne sais pas quoi... il m'a regardée!

– Tu es juste un peu nerveuse, maman. Je vais aller voir.

– Maintenant, on va avoir besoin d'un tueur de dragons!

Pierre-Emile vide l'eau. Il jette l'œuf brûlé et nettoie la poêle. Puis il prépare du thé pour sa maman. Par la même occasion, il fait disparaître les traînées de graisse noirâtres sur la cuisinière.

– Elle a cru qu'il y avait un monstre dans la baignoire. Dis-lui que tu connais bien ça. C'est le cyclope de la baignoire, dis-lui qu'il est inoffensif, ça la calmera.

– Non, je ne lui dirai rien de tout ça.

– Tu préfères attraper une gifle avec ta vérité à la noix?

Pierre-Emile se dirige vers la chambre à coucher, une tasse

de thé à la main. Il fait sombre. Il n'allume pas. Poliment, il reste près de la porte et dit:

– Tout va bien, maman. J'ai vidé la baignoire, il n'y avait rien dedans.

– Mes nerfs, soupire maman. J'ai les nerfs à vif.

Pierre-Emile lui apporte le thé. Très reconnaissante, elle avale lentement quelques gorgées. Pierre-Emile dit doucement:

– Plus tard, je te ferai couler un autre bain, maman, avec une tasse de lait et de l'huile. C'est bien meilleur pour la peau que cette cochonnerie de mousse.

Maman est heureuse d'avoir un petit garçon aussi attentionné et compréhensif.

Pierre-Emile prend congé. Il a ses devoirs à faire.

– J'y arriverai, maman, et nous partirons tous les trois pour Disneyland.

– C'est ça, murmure-t-elle, en s'enfonçant dans ses coussins avec un long soupir.

Pierre-Emile dans la tourte

Comment dit-on une chose pareille? Poliment? Impoliment? Est-ce qu'on peut même la dire? Pierre-Emile se tient devant la porte, complètement désemparé. C'est dans cet immeuble qu'elle habite, au quatrième, juste à côté de l'ascenseur. Suzette Meunier.

Voilà le moment qu'attend l'invisible. Toutes les fois que Pierre-Emile doute, hésite, qu'il a honte de quelque chose ou souffre d'une situation pénible, il a besoin de son double.

Celui-ci propose:

– Tu n'as qu'à te taire, visible. Tu me laisses parler, comme autrefois en Egypte, tu te rappelles? Ça nous avait bien réussi.

La bouche sèche, Pierre-Emile acquiesce.

On ouvre la porte. Ce n'est pas Suzette Meunier. C'est Stéphane Meunier. Il a deux ans. Il n'a qu'un lange sur lui. Sûrement sale. Arôme épinards aux carottes et banane, mal digérés. Stéphane mâchouille une sucette qui sent la framboise et qui lui a coloré la bouche en rose vif. Le petit garçon regarde Pierre-Emile et lui tend sa sucette.

– Non merci, petit monstre. Tire-toi avec ta sucette. Je suis venu voir la strip-teaseuse Suzette. Mais ça ne te dit rien, n'est-ce pas, petit vermisseau? J'ai dû certainement me tromper de porte.

Stéphane hurle:

– Maa… man… an…!
La réponse vient du fond de l'appartement.
– Non, pas maintenant, Stéphane. Je repasse. Viens, entre, Mélanie. Contente que tu sois quand même venue. Je suis complètement débordée.
Pierre-Emile passe à côté de Stéphane et cherche d'où vient la voix. Le couloir est plein de piles de journaux plus hautes que lui. Il y a des livres partout. Certains ont des billets entre

les pages, d'autres sont ouverts. Dans la cuisine, une femme est debout devant une planche à repasser. A côté d'elle, il y a une corbeille à linge, pleine à craquer. Sur la table, à côté d'une bouteille pour enfant, remplie de thé, il voit une petite pile de linge déjà repassé.

Suzette Meunier ne ressemble pas du tout à l'image qu'il a conservée d'elle. Pas de voiles scintillants, pas de longs cheveux roux. Elle porte un pull déformé et des jeans délavés. Elle a des cheveux noirs et courts. Elle n'a pas l'air particulièrement gaie, plutôt essoufflée.

– Qui es-tu, toi?

La vue de Pierre-Emile ne semble pas la réjouir.

– En réalité, j'attendais la baby-sitter de Stéphane, Mélanie. Moi, il faut absolument que j'aille à l'université. Mélanie m'a de nouveau laissée tomber et le linge doit être repassé.

L'invisible parle à la place de Pierre-Emile.

– Vous avez pensé que j'étais Mélanie, la baby-sitter, et moi j'ai cru que vous étiez Suzette Martin, la strip-teaseuse. C'est drôle, non?

Elle pose le fer à repasser qui souffle sa vapeur, tel un dragon qui s'apprête à cracher du feu.

– Je ne suis pas une strip-teaseuse. Je suis une artiste. Je fais le clown à des anniversaires d'enfants. Est-ce que j'ai déjà été chez toi?

Pierre-Emile avale sa salive. Il entend l'invisible lui dire:

– Vous n'étiez pas chez moi, mais chez mon père. Vous êtes sortie de la tourte et vous avez…

Elle l'interrompt sèchement.

– Ensuite j'ai probablement fait une danse du ventre. Je chante aussi des chants traditionnels et fais des tours de magie. C'est comme ça que je nous nourris, Stéphane et moi. J'étudie la médecine.
Stéphane hoche la tête, mais n'y comprend rien.
Pierre-Emile comprend tout, mais a l'air si bête que Suzette explique:
– Plus tard, je serai médecin. Voilà. Et maintenant, à toi. Qu'est-ce que tu veux?
Pierre-Emile essaie de parler lui-même.
– Moi?... euh... je ne voulais pas vous offenser. Je... euh... ma mère... a fait une crise quand vous êtes sortie de la tourte. C'est elle qui vous a traitée de strip-teaseuse, pas moi.
Puis l'invisible reprend:
– Il faut que vous m'aidiez. Sinon, je n'aurai pas ma note en musique, et mes parents n'iront pas avec moi à Disneyland. Je voudrais tellement y aller, parce que mon amie Juliette y va aussi.
Suzette lui demande:
– Tu veux que je te donne des leçons privées?
Stéphane a cassé sa sucette.
Pierre-Emile secoue la tête.
– Non. A l'anniversaire de M. Raton, je veux sortir de la tourte à votre place et lui chanter une chanson. Peut-être qu'il me donnera quand même une note suffisante en musique.
Elle rit. Elle le trouve mignon.
– Tu as besoin de mon aide et moi de la tienne. Tu gardes Stéphane et tu repasses mon linge. Dans deux heures je suis

de retour. Ensuite, tu pourras aller dans la tourte. D'accord? Pierre-Emile a envie de crier non. Mais son double dit oui. Suzette attrape quelques livres, embrasse Stéphane et disparaît.
– Bon, c'est entendu. A six heures!
Stéphane regarde Pierre-Emile sans enthousiasme. Dans le corridor, Suzette lance encore:
– C'est vraiment très gentil de ta part! Et n'oublie pas de changer le lange de Stéphane! Tu en trouveras un propre à la salle de bains.
Pierre-Emile n'a pas encore tout à fait enregistré qu'il est maintenant seul avec Stéphane, le lange sale et le linge à repasser. Voilà Stéphane qui se met déjà à crier:
– Ma...man... allé!
Pierre-Emile prend une grande inspiration et va courageusement à la salle de bains chercher un lange pour Stéphane et une pince à linge pour se boucher le nez.
Mais Stéphane a décidé de ne pas lâcher son lange. Il échappe à Pierre-Emile. Celui-ci court plus vite, mais connaît moins bien l'appartement. Stéphane se cache derrière un ours en peluche. Pierre-Emile dérape sur une voiture de police.
Bon, tant pis pour toi, se dit Pierre-Emile, ce n'est pas moi qui ai les culottes sales, c'est toi.
Il s'attaque courageusement au repassage. Les t-shirts ne présentent aucune difficulté.
Par contre, il en a davantage avec les manches des blouses. Mais le plus difficile, c'est un soutien-gorge orné de perles.
Quand la corbeille est vide, Pierre-Emile essaie encore une fois d'attraper Stéphane. Il veut changer son lange avant le

retour de Suzette. Stéphane s'échappe encore une fois. Son lange glisse de ses jambes. Des éclaboussures brunes se projettent dans tout l'appartement. Stéphane trouve ça très drôle. Pierre-Emile arrive à attraper le lange. Il l'arrache de la main de Stéphane.
Stéphane crache.
– Zoué?
– Non, je ne joue pas avec toi. Je veux te laver le derrière et te mettre un autre lange.
– Pa zoué?
– Non!

Pierre-Emile met Stéphane sous la douche. Ça a l'air de plaire au petit.
– Z'aime zoué!
Pierre-Emile peut enfin enlever la pince à linge de son nez.
Quand Suzette revient, elle voit la pile de linge bien repassé. Mais l'appartement est plein de traces brunes et ça sent les épinards-carottes à la banane.
Suzette a l'habitude de ce genre de tracas.
– Ça ne fait rien, dit-elle placidement. Il faut de toute façon que je nettoie convenablement cette piaule.
Pierre-Emile la regarde d'un air particulier. Cette fille est-elle

une extraterrestre? Elle ne fait pas d'histoires. Elle ne lui fait aucun reproche. Elle ne se plaint pas non plus de tout ce travail.

Pierre-Emile est en train de la comparer mentalement à tante Olga et à sa maman. Il aime beaucoup sa maman. Mais, à côté de Suzette Meunier, elle ne fait pas le poids. Quant à tante Olga, ce n'est vraiment pas difficile d'être mieux qu'elle.

Suzette Meunier remercie Pierre-Emile. Celui-ci promet de venir souvent garder Stéphane. Il ne sait pas si c'est lui ou son double qui le dit. Est-il devenu dingue? Veut-il vraiment garder encore une fois ce petit monstre? D'un côté, il est content de faire plaisir à Suzette, mais de l'autre, il pourrait se mordre la langue.

– Tu as l'air d'un poisson rouge qui voit une voiture pour la première fois.

– Oui, c'est comme ça que je me sens. Vous ne m'en voulez pas?

Elle rit.

– Pas du tout. C'est maintenant à moi de remplir ma part du contrat. Grimpe dans la tourte. On va répéter.

Le grand jour

Une seule fois dans sa vie, M. Trompette, le prof de maths, est arrivé en retard à une invitation.
Les invités avaient déjà mangé ce qu'il y avait de meilleur. Plus de saumon, plus de pâté, plus de foie gras, seuls des plats et des saladiers vides, avec trois olives et quelques cornichons.
Depuis cette soirée désastreuse, M. Trompette s'arrange toujours pour être un peu trop tôt. Aujourd'hui, pour le cinquantième anniversaire de M. Raton, il a deux heures d'avance. Il aide ainsi à arranger l'appartement.
En fait, tout était prêt. Mais voilà que Mme Raton mère, qui a tenu à être présente en ce grand jour, est arrivée. Elle a 79 ans et s'appelle Clara. Après avoir lancé un coup d'œil circulaire, elle a décrété qu'il n'y avait aucune raison de vider son salon pour faire place à la danse.
– Les gens vont penser que tu n'as pas de meubles.
Raton et Trompette rapportent la table et les chaises. Clara va faire un discours en l'honneur de son fils. Tout le monde doit savoir quel gentil petit garçon il était autrefois.
Les amis, les parents et Mme Katz, son aimable collègue, arrivent les premiers. Ensuite les membres du chœur d'hommes. Peu après, les élèves du chœur du collège, dans lequel chante aussi Juliette, la merveilleuse Juliette, qui va partir à Disneyland avec ses parents.

Les deux chœurs se mettent en place. Les écoliers devant, les hommes derrière. En tout, près de cinquante personnes, qui vont chanter deux chansons à M. Raton: *Le joli mois de mai* et *Happy birthday to you.*

Clara est toute excitée et très impatiente. Elle adore les chœurs. C'est pour elle que Raton est devenu professeur de musique.

On apporte alors une gigantesque tourte dans la pièce.

Trompette s'approche de Raton et lui chuchote:

– Je sais ce que c'est. On me l'a déjà fait, ce coup-là. Tu verras, une strip-teaseuse va bientôt sortir.

Raton pâlit. Il jette un coup d'œil à sa mère. Elle est très croyante. Ça pourrait lui donner un infarctus.

Certains élèves du chœur, ceux de la 9a, ont déjà le sourire. Raton se rend à l'évidence, rien ne peut stopper le cours du désastre. Il ferme les yeux.

La tourte s'ouvre.

Et qui en sort? Pierre-Emile. Il ouvre les bras, s'apprête à chanter et… rien ne vient. Tous ces gens autour de lui le rendent muet comme une carpe. Il les regarde de ses grands yeux vides, la bouche entrouverte, immobile. Juliette a de la peine à respirer.

– Allez, vas-y, chante, ordonne l'invisible.

Pierre-Emile ne peut pas, il n'arrive pas à sortir le moindre son. Le responsable de la 9a brandit son poing. La menace est claire.

– Déshabille-toi, fais quelque chose! siffle une voix rageuse.

L'invisible reste calme.

– Bon, espèce de raté, laisse-moi faire maintenant. De toute façon, tu n'as pas l'air de pouvoir présenter ton numéro.
Pierre-Emile se rapproche de la tourte. S'il pouvait, il s'y enfoncerait de nouveau. Comme il voudrait se faire invisible…
Son double prend les choses en main et se met à chanter à tue-tête, par sa voix:

Ta di, ta da, ta di, ta da,
c'est un jour de gala:
les 50 ans de M. Raton,
le prof que nous préférons.
Il nous donne non seulement le ton,
mais aussi les meilleures leçons.

Pierre-Emile commence à bouger sur la musique. Il se met à danser comme Michael Jackson. Il lève les bras, fait de petits pas de danse comme un boxeur, s'agenouille, se relève, tourne.
Juliette est aux anges. Elle balance les pieds en mesure. Pierre-Emile ne la voit pas, il tient ses paupières serrées.

Ta di, ta da, ta di, ta da,
Tous les gens qui l'aiment sont là,
C'est pour lui que je danse,
pour lui que je balance.
Alors vive M. Raton,
qu'aujourd'hui nous fêtons!

Quand Pierre-Emile rouvre les yeux, il voit les choristes qui battent des mains et Juliette en train de danser. Seuls les élèves de la 9a font la grimace.
Mme Raton est émue par le petit show de Pierre-Emile. Elle applaudit à tout rompre, elle crie même, très fort:
– Bravo!
Elle se tourne vers son fils et lui demande:
– Tu ne remercies pas ton meilleur élève? Tu ne le félicites pas?
C'est encore l'invisible qui prend la parole – sans détours:
– Je ne suis pas le meilleur élève, madame, au contraire, il est prévu que je double mon année. Je…
Mme Raton regarde sévèrement son fils. Raton se ratatine sur son siège.
– C'est une plaisanterie, je suppose? demande-t-elle d'un ton sec.
Raton se mord le coin des lèvres et regarde la pointe de ses pieds. Il hoche la tête et murmure:
– Non. Malheureusement, il dit la vérité.
L'index tendu en avant, Mme Raton invite son fils à la suivre. Il se traîne derrière elle vers la cuisine. Il a tout l'air d'avoir besoin d'un sérieux soutien.
– Suis-le, ordonne l'invisible.
De même que Raton obéit à sa mère, Pierre-Emile obtempère. C'est la première fois qu'il est aussi docile. L'invisible exulte. C'est exactement comme ça qu'il imaginait la vie avec Pierre-Emile: un esclave, une marionnette qu'il peut faire danser à sa guise.

Une fois la porte de la cuisine fermée, Clara se tourne vers son fils. Elle parle d'un ton calme et posé.
– Tu vois, je ne me serais pas attendu à ça de toi, dit-elle en le regardant droit dans les yeux. Tu étais toi aussi un enfant très doué. Et tes professeurs n'ont pas reconnu tes qualités. Moi seule savais qu'en toi sommeillait un petit génie. Je t'ai encouragé et…
L'invisible s'en mêle. Sa voix est d'une amabilité presque mielleuse. Pierre-Emile ne le connaît pas sous ce jour-là. Il s'entend dire:
– Me considérez-vous aussi comme un petit génie, madame?
Clara se penche vers Pierre-Emile. Elle a le même parfum que tante Olga, mais chez elle, ce n'est pas aussi désagréable.
– Mais oui, mon petit. Tu me rappelles beaucoup mon fils à ton âge. Il était comme toi, courageux, talentueux et…
Pierre-Emile voudrait la remercier de sa gentillesse. Il s'apprête à dire modestement que c'est trop d'honneur, quand son double prend les devants.
– Ça signifie que je ne redouble plus?
Clara attrape la joue de Pierre-Emile et lui secoue la tête.
– Non, bien sûr que non. Ne te fais pas de soucis, je vais lui parler.
– Mère! s'écrie Raton indigné. Comment peux-tu te mêler de ça?
Mme Raton examine son fils comme elle regarderait un vêtement qu'elle voudrait échanger.
– Débrouille-toi avec ce garçon, dit-elle d'un ton sec, moi je vais faire mon discours.

Elle quitte la cuisine, laissant Raton et Pierre-Emile face à face.

– Vous m'en voulez, M. Raton?

– Et comment! grince celui-ci.

– Maintenant tais-toi, Pierre-Emile, et laisse-moi parler.

L'invisible prend alors la parole.

– Je suis désolé, M. Raton. Vous auriez certainement préféré la strip-teaseuse. Je vous ai gâché votre anniversaire. Mais n'ayez crainte, elle attend dehors. Elle m'a juste permis d'entrer dans la tourte pour faire mon…

L'invisible s'interrompt. Raton est tout pâle, il semble pris de vertige. Il se cramponne à la table de la cuisine.

– Tu veux dire qu'elle s'apprête à entrer? demande-t-il d'une voix éteinte.

– Mais oui, il faut bien qu'elle gagne ses cinquante euros. Les garçons de la 9a lui ont…

Raton tire un billet de cent de sa poche et le tend à Pierre-Emile.

– Je t'en prie, aide-moi. Sors et donne-lui l'argent. Tu lui diras que je la…

Pierre-Emile acquiesce.

– C'est comme si c'était fait.

– Oh merci! Merci!

Raton essuie les gouttes de sueur qui perlent sur son front et tire sur son nœud de cravate.

Pierre-Emile se dirige vers la porte. Juste avant de sortir, il se retourne et lance un clin d'œil à Raton.

– Soyez tranquille, je vais vous arranger ça.
L'invisible enchaîne:
– Et comment ça se passe pour mon année?
Raton fait un signe las de la main, comme si ça n'avait plus la moindre importance.
– Ça va..., dit-il d'un ton harassé, on s'arrangera.
Pierre-Emile est fou de joie. Il a réussi. Il va passer! Son père et sa mère vont être aux anges. Il va pouvoir partir à Disneyland et passer quelques jours avec Juliette! La vie est belle!
Encore en train de jubiler, il sort donner les cent euros à Suzette. Enchantée, elle l'embrasse sur la joue.
– Tu es un chou!
La joue de Pierre-Emile est ornée d'une belle marque de rouge à lèvres.
Suzette saute dans sa vieille guimbarde et disparaît. Elle retourne auprès de Stéphane.
Juliette sort à cet instant et s'approche de Pierre-Emile. Elle est sur le point de lui dire combien elle l'a trouvé génial, quand la trace de rouge, sur sa joue, l'arrête. Elle reste pensive. Aurait-il déjà une autre amie?
Tout excité, Pierre-Emile entraîne Juliette. Elle doit être la première à l'apprendre.
– Juliette! Je vais pouvoir aller à Disneyland, moi aussi! C'est ma récompense pour avoir réussi mon année!
Elle le regarde, l'air très embêté.
– Tu ne te réjouis pas? Mais on va pouvoir passer quelques

jours cool ensemble. J'irai partout avec toi, sur chaque…
– Hé, arrête un peu, mon gars. Laisse-la parler. Les femmes aiment ça.
Juliette respire profondément.
– C'est pour ça que tu t'es donné tant de mal?
Pierre-Emile hoche la tête avec véhémence.
Juliette semble prête à éclater en sanglots.
– J'ai raconté des histoires. C'était pour me rendre intéressante. En fait, je pars avec mes parents dans les Vosges. Pour faire de la marche. C'est le temps des cerises.
L'air s'échappe de Pierre-Emile comme d'un ballon percé.
– Tu vois? Je te l'avais bien dit, sombre crétin. Les braves garçons qui étudient n'en deviennent pas plus malins pour

autant. Non, ils sont bêtes de toute façon. Voilà, on a fait tout ça pour rien!

Pierre-Emile répond du fond du cœur:

– Juliette chérie, mais je n'ai aucune envie d'aller à Disneyland sans toi. J'aime mieux être dans les Vosges à cueillir des cerises. Le principal c'est qu'on soit ensemble!

Pierre-Emile reçoit un second baiser. Sur l'autre joue. Cette fois-ci sans rouge à lèvres.

– Oh, que c'est dégoûtant ces embrassades, râle l'invisible. C'est vraiment écœurant…

Subitement l'invisible s'interrompt. Une autre voix se fait entendre. C'est l'invisible de Juliette. Elle susurre:

– Ne sois pas si morose, et ne te monte pas la tête comme ça, on va peut-être bien se plaire, tous ensemble, dans les Vosges.

– Mais je croyais… tu m'avais dit… que tu ne supportais pas ma voix.

– C'est vrai. Mais si tu sais te taire, je suis sûre qu'on s'entendra très bien, tous les deux.